أبي القوي

تأليف: رولا سعادة

رسوم: هشام سليمان

الطبعة الأولى
2023

دار الرُّقيّ
للطباعة والنشر والتوزيع

Website: www.alrouqy.com   -   Email: info@alrouqy.com

يَبْتَسِمُ لِي بِحَنَانِهِ

4

يَرْمُقُنِي عِنْدَمَا
أُخَالِفُ رَأْيَهُ

يُجْلِسُنِي بِقُرْبِهِ
وَيُخْبِرُنِي قِصَصَهُ

نَلْعَبُ مَعًا
بِالْقَفْزِ وَالرَّكْضِ

يَحْمِلُنِي بِقُوَّةٍ بَيْنَ ذِرَاعَيْهِ

هذا هو أبي

أَعُودُ حَزِينًا إِلَى بَيْتِهِ

أَسْتَمِعُ لِوَالِدَتِي، لَكِنَّنِي أَرَى الْأَمَانَ عِنْدَهُ،

يُدَافِعُ عَنِّي بِقُوَّةٍ وَيَقُولُ لِي دَائِماً: إِلَى الأَمَامِ، بِنَبْرَتِهِ

أَسْتَمِدُّ طَاقَتِي
وَقُوَّتِي مِنْهُ

هَذَا هُوَ أَبِي

أَبِي هُوَ نِصْفُ عَالَمِي،

22